Publication du département du Livre
dirigé par Béatrice Foulon

Conception éditoriale :
Céline Julhiet-Charvet

Conception graphique :
Frédéric Célestin

Fabrication : Jacques Venelli

Photogravure :
IGS, Angoulême

Impression et reliure :
Kapp Lahure Jombart, Évreux, France.

Crédits photographiques :
Réunion des musées nationaux

© Réunion des musées nationaux, 2000
49, rue Étienne-Marcel, 75001 Paris

JA 10 4062
ISBN : 2-7118-4062-X
Premier dépôt légal : juillet 2000
Dépôt légal : mars 2003
Imprimé en France

l'Afrique, petit Chaka...

texte
marie sellier

illustrations
marion lesage

Réunion
des Musées
Nationaux

Papa Dembo est grand comme le baobab
et plus savant que le marabout.

Papa Dembo est mon grand-père,
il raconte les histoires mieux que personne.

- Dis-moi, Papa Dembo,
dis-moi quelle est la couleur
de l'Afrique ?

- L'Afrique, petit Chaka ?
l'Afrique est noire comme ma peau,
elle est rouge comme la terre,
elle est blanche comme la lumière de midi,
elle est bleue comme l'ombre du soir,
elle est jaune comme le grand fleuve,
elle est verte comme la feuille du palmier.

L'Afrique, petit Chaka,
a toutes les couleurs de la vie.

- Raconte, Papa Dembo,
raconte-moi le début,
quand tu étais petit,
plus petit que moi aujourd'hui.

- Le début, petit Chaka,
oh ! c'était il y a bien longtemps !
Bien avant moi.
Il y avait Kadidja
et puis il y avait Samba.
Elle, pauvre mais belle comme un ciel
de printemps après la pluie.
Lui, fils de roi et le tam-tam fou
de l'amour dans le cœur.
Et moi, leur premier-né.

<pre>   Dans le dos de Kadidja-ma-mère,
          j'ai découvert le monde.</pre>

- Raconte-moi, Papa Dembo,
  raconte-moi encore Kadidja ta mère.

- Kadidja-ma-mère, petit Chaka,
  n'est pas restée longtemps
  mince comme une liane.
  Après moi, treize autres sont venus,
  six filles et sept garçons.
  Oh ! le vacarme dans la case,
  pire qu'une troupe
  de macaques en folie !
  Mais elle, Kadidja-ma-mère,
  jamais je ne l'ai entendue
  hausser la voix.
  Elle était calme comme l'arachide
  et belle, toujours, dans ses boubous
  aussi colorés que les fleurs de la savane.

Si belle que, de toutes les femmes
de Samba-mon-père,
elle a toujours été la mieux aimée.

- Raconte, Papa Dembo,
raconte-moi Samba ton père.

- Mon père, petit Chaka,
était fort comme le lion
et bavard comme une colonie
d'ibis jacasseurs.
Ça, petit Chaka, il n'avait pas
d'os dans la langue
pour l'empêcher de tourner !
Un vrai griot !
Le soir, à la veillée, il s'asseyait
sous les étoiles avec sa kora
et il racontait des histoires
jusqu'à ce que nos oreilles
ne puissent plus entendre.
Quand il riait, Samba-mon-père,
c'était joyeux comme un orchestre de balafons.

Mais quand il se fâchait, petit Chaka,
quand il se fâchait, ouh !... gare à nos oreilles !
Alors je filais me cacher chez Lawali-le-vif.

- Raconte, Papa Dembo,
raconte-moi Lawali-le-vif.

- Lawali-le-vif, petit Chaka, était mon ami.
Il était toujours en mouvement :
un vrai singe patas !
Lui et moi, nous étions
aussi proches que les fils
d'une couverture.
Toujours ensemble pour le jeu
et pour la chasse.
Pour les bêtises aussi, petit Chaka.
Lawali-le-vif n'était jamais
à court d'idées et nous avions
tous les deux de bonnes jambes
pour détaler.

Si des galettes de mil disparaissaient,
si une calebasse de lait s'évaporait,
on savait bien dans le village
que Dembo et Lawali-le-vif étaient passés par là !

- Raconte, Papa Dembo,
raconte-moi ton village.

- Mon village, petit Chaka :
de l'argile et de la paille !
Une vingtaine de cases, pas plus,
qui font la ronde autour de l'arbre
à palabres, le grand baobab
sous lequel se discutent
toutes les affaires importantes.
Notre case était vaste et fraîche
lorsque le vent soufflait chaud.

    Et moi, j'allais presque nu,
    comme les enfants de mon âge,
    avec pour seule semelle
    la plante de mes pieds.
    Nu et libre, tout le jour durant.

- Raconte, Papa Dembo,
　raconte-moi ce que tu faisais tout le jour durant.

　- Ce que je faisais, petit Chaka ?
　je faisais comme les autres,
　comme Lawali-le-vif, Moussa ou Tuvanga :
　je prenais ma flûte à trois trous
　et je menais les bêtes au point d'eau.
　Tout le jour, je surveillais les chèvres
　　et les moutons et, le soir,
　　je retournais au village avec le troupeau.
　　Pour passer le temps,
　　je fabriquais dans la glaise
　　des petits bonshommes de terre.

Voilà ce que je faisais, petit Chaka,
mais parfois aussi j'allais à la pêche
sur le long fleuve jaune…

- Raconte-moi, Papa Dembo,
raconte-moi la pêche sur le long fleuve jaune.

- La pêche sur le long fleuve jaune, petit Chaka,
pour moi, c'était jour de grande joie.
Levés tôt, bien avant le chant du coq,
et vite, sans bruit, hors de la case,
juste tous les deux, Samba-mon-père et moi.
Oh ! comme elle filait sur l'eau notre pirogue !
En ce temps-là, petit Chaka,
il y avait presque autant de poissons dans le fleuve
que d'herbes dans la brousse.

    Lorsque nous retournions au village,
    nos paniers débordaient.
    Alors c'était festin de roi, pour tous.

- Raconte-moi, Papa Dembo,
raconte-moi le festin de roi.

- Le festin de roi, petit Chaka, autre jour de joie !
C'est Kadidja-ma-mère qui mène le jeu
car ça, c'est une affaire de femmes !
Oh ! le tourbillon de boubous
de toutes les couleurs,
  autour de la marmite qui bouillonne sur le feu !
   Et les ignames roties, petit Chaka,
    et le riz si blanc,
     et les patates douces glissées dans la cendre,
     et la soupe d'arachide,
     et le poisson frit,
     et la sauce verte,
    et la sauce noire…
  J'en ai l'eau à la bouche, petit Chaka.

Toutes les occasions étaient bonnes pour faire
un festin de roi : la première pousse de mil,
le début des récoltes, l'arrivée de la pluie…

1839 9bre 17   ...ance Calet
1848 aout   9   ... Grenier

Monsieur pierre Delarigau...

Mazeau ...ume de la Chaussade

1846 janvier 18   Lagarde
d° février   8   ...ouvoir

Mastie... Jean de Bornouilhe

1848 avril   ...   Serveurerie

- Raconte-moi, Papa Dembo,
raconte-moi l'arrivée de la pluie.

- L'arrivée de la pluie, petit Chaka !
Pour comprendre il faut avoir vécu ces mois sans pluie,
sans une goutte de pluie, où la chaleur est si forte
que le sol fait des vagues.
Imagine, petit Chaka, imagine les mares à sec,
le sol plissé comme la peau de l'éléphant,
les herbes plus sèches que le foin
et l'eau devenue aussi précieuse que l'or.
Et puis un jour l'air se fait lourd,
immobile et lourd. Irrespirable.
Et le ciel peu à peu devient noir.
C'est la nuit le jour, comme la fin du monde.
Une grosse goutte éclate sur le sol !
Ploc ! Et une autre ! Ploc !
Et encore une autre, des milliers d'autres.

Il pleut, petit Chaka, il pleut !
Et dans la brousse, le sol fume de joie.

- Raconte,
Papa Dembo,
raconte-moi
la brousse.

- La brousse,
petit Chaka,
la brousse est pleine de bruits :
elle babille, elle bourdonne, elle rugit.
La brousse est le royaume du lion et de l'abeille,
de la gazelle et de l'oiseau blanc.
On y rencontre aussi le grand éléphant gris
qui fait trembler le sol à chaque pas.

Et puis sais-tu, petit Chaka,
que les esprits s'y réfugient ?

- Raconte-moi, Papa Dembo,
raconte-moi les esprits de la brousse.

- Les esprits, petit Chaka,
les esprits sont partout.
Ils sont comme le serpent.
Ils se cachent dans les touffes
d'herbes jaunes, se tapissent
au creux des tamariniers,
se glissent sous les pierres brûlantes.
Ils sont invisibles comme l'air,
et légers comme la brise
lorsque parfois ils nous frôlent.
Ils veillent, les esprits
de la brousse, ils veillent
sur les villages et sur les cultures,
sur les mères et sur leurs enfants,
sur les vieux et sur ceux
qui ne le sont pas encore.

Mais la nuit, petit Chaka,
la nuit, tout bascule…

- Raconte-moi, Papa Dembo,
raconte-moi les esprits de la nuit.

- Les esprits de la nuit,
petit Chaka,
les esprits de la nuit
apportent la terreur
et les larmes.
Malheur à celui qui
n'est pas rentré chez lui
lorsque le soleil tombe
derrière l'horizon !
C'est l'heure des sorts
et des maléfices.
Autrefois, quand la nuit
jetait son voile noir sur la terre,
Kadidja-ma-mère lançait dans le feu
trois pincées d'herbes sauvages
et chantait à voix rauque un couplet mystérieux
dont je ne comprenais pas les paroles.

Une formule magique
pour éloigner les esprits malfaisants.

- Raconte-moi, Papa Dembo,
raconte-moi la magie.

- La magie, petit Chaka,
la magie c'était d'abord
le vieux Tima-bouche-tordue.
Il connaît le secret des étoiles,
du vent et de la pluie
car il est le maître de magie.
Imagine, petit Chaka,
imagine des poudres,
des herbes et des gris-gris
et aussi une statuette en bois
percée de clous.
Elle me remplit de terreur.
Kadidja-ma-mère a beau m'expliquer
que ce fétiche-là est bon,
qu'il sauve et qu'il guérit,
c'est plus fort que moi.

Mais la magie, petit Chaka,
ce n'est pas cela uniquement,
c'est aussi les esprits masqués
qui dansent et tanguent dans la nuit.

- Raconte-moi, Papa Dembo,
raconte-moi la danse des esprits masqués.

- La danse des esprits masqués, petit Chaka,
comment te raconter sans tam-tam
et sans balafon ?
Ma langue a beau tourner et retourner,
    les mots sont lourds comme des pierres.
      Imagine, petit Chaka,
        imagine le roulement fou des tambours.
        Ils disent « Rentrez dans vos maisons »,
        et déjà les voilà : des créatures
        de paille et de plumes.
        Elles ne dansent pas, elles volent.
        Je me réfugie en tremblant dans les bras
          de Kadidja-ma-mère.
          J'ai vu l'esprit masqué, je vais mourir !
          Oh quelle terreur !

        Ce n'est que plus tard,
          quand j'ai cessé d'être un enfant,
            que j'ai pu assister aux cérémonies
            comme les hommes du village.

- Raconte-moi, Papa Dembo,
raconte-moi quand tu as cessé d'être un enfant.

- Quand j'ai cessé d'être un enfant, petit Chaka ?
Oh ! voilà qui ne date pas d'hier !
Lawali, Moussa, moi et les autres,
on nous a emmenés dans le bois sacré…
Sept jours et sept nuits !
Je me souviens
de la boue rouge
sur nos corps,
de ce breuvage amer
qu'on me fait boire
et qui me fait tourner
la tête. Je me souviens
des arbres qui, soudain, vacillent
au-dessus de moi et d'une grande
douleur… Ensuite, il y a eu le roulement
des tam-tam, les danses, le festin…
Pour nous ! Car, désormais, nous étions des hommes.

    Alors j'ai offert des œufs, du lait et un poulet
    aux esprits de mes ancêtres.

- Raconte-moi, Papa Dembo,
raconte-moi tes ancêtres.

- Mes ancêtres, petit Chaka,
avaient le cœur aussi clair que le lait.
Voilà pourquoi leur esprit continue
à vivre parmi nous.
Un jour, petit Chaka,
moi aussi je rejoindrai le pays
où le soleil ne se couche pas,
le pays des ancêtres.
Mais, si tu tends bien l'oreille,
tu continueras à entendre ma voix
dans le bourdonnement du vent,
dans le bruissement des feuilles,
dans le crissement du sable
sous tes pieds.

Et tu ne m'oublieras pas…

- Mais moi, Papa Dembo,
   moi je ne veux pas que tu meures,
   jamais !

      - La mort, petit Chaka,
         la mort est un vêtement
          que tout le monde portera.
         Mais demain est encore loin
         et j'ai devant moi des jours,
          des mois et des années
          pour te raconter d'autres histoires
          qui te feront garder dans le cœur
       la mémoire de l'Afrique.
      Et peut-être que plus tard,
      quand tu auras mon âge, petit Chaka,
      à ton tour tu raconteras à ton petit-fils
      les histoires de Papa Dembo.

   Alors, où je serai, je rirai de bonheur.